CELINA BODENMÜLLER
LUIZ EDUARDO ANELLI

ilustrações de
ANA MATSUSAKI

O SEGREDO DAS
NUVENS

Entendendo chuvas,
raios e trovões

1ª edição
2022

CB003272

MODERNA

Se você pudesse voar como um avião, alcançaria as nuvens, cruzaria tempestades, veria o clarão dos raios e escutaria de perto o barulhão dos trovões. Vamos juntos ver tudo isso e muito mais? Eu sou uma nuvem e contarei todos os meus segredos para você!

As nuvens mais altas ficam a 12 mil metros do chão. Nessa altura voam os maiores aviões que existem.

Curiosidade

As nuvens são feitas de gotículas de água. Em grandes altitudes, onde a temperatura é abaixo de zero, as gotículas congelam e se transformam em cristais de gelo. Esses cristais podem se unir e dar origem a grandes flocos congelados, que cairão como neve.

Por serem muito pequeninas e leves, as gotículas flutuam no ar.
Antes de ser nuvem, fui água de oceanos, rios e lagos. Também
fui neve na montanha, gelo polar e até água de roupa
estendida no varal. O vento está me soprando na direção de
outras nuvens mais adiante. Você consegue vê-las ali?
Me unirei a elas e cresceremos cada vez mais.

Você já viu?
Longas nuvens se formam atrás dos aviões.
São gotículas d'água que envolvem cada partícula
de fumaça que sai de suas turbinas.

Você sabia?
Cada gotícula d'água de uma
nuvem se formou ao redor de um
minúsculo grão de poeira.

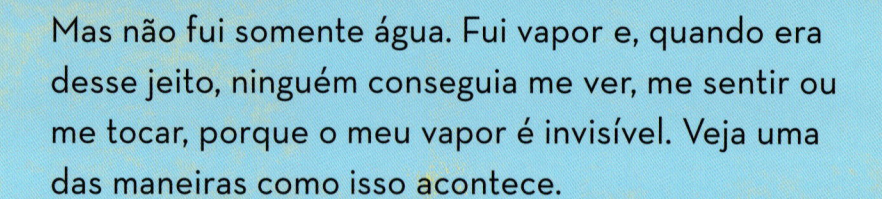

Mas não fui somente água. Fui vapor e, quando era desse jeito, ninguém conseguia me ver, me sentir ou me tocar, porque o meu vapor é invisível. Veja uma das maneiras como isso acontece.

A água evapora enquanto a roupa seca no varal, desaparecendo como se fosse mágica. O vapor sobe, esfria e se transforma em gotículas d'água. É assim que uma nuvem aparece.

Uma grande nuvem de tempestade carregada de água pode ter o peso de 100 elefantes. São 500 toneladas flutuando no céu sobre nossas cabeças!

Você sabia?
O cientista que estuda as nuvens é o meteorologista.

Veja como estou crescendo! Já sou formada por bilhões de gotículas d'água. Elas se tocam e se agitam tanto que ficam carregadas de eletricidade. Vem raio por aí!

Raios acontecem em várias direções: de uma nuvem para outra, da nuvem até o chão ou uma árvore, um barco ou um avião, e às vezes até do chão para o céu, o que é bem mais raro.

E então...

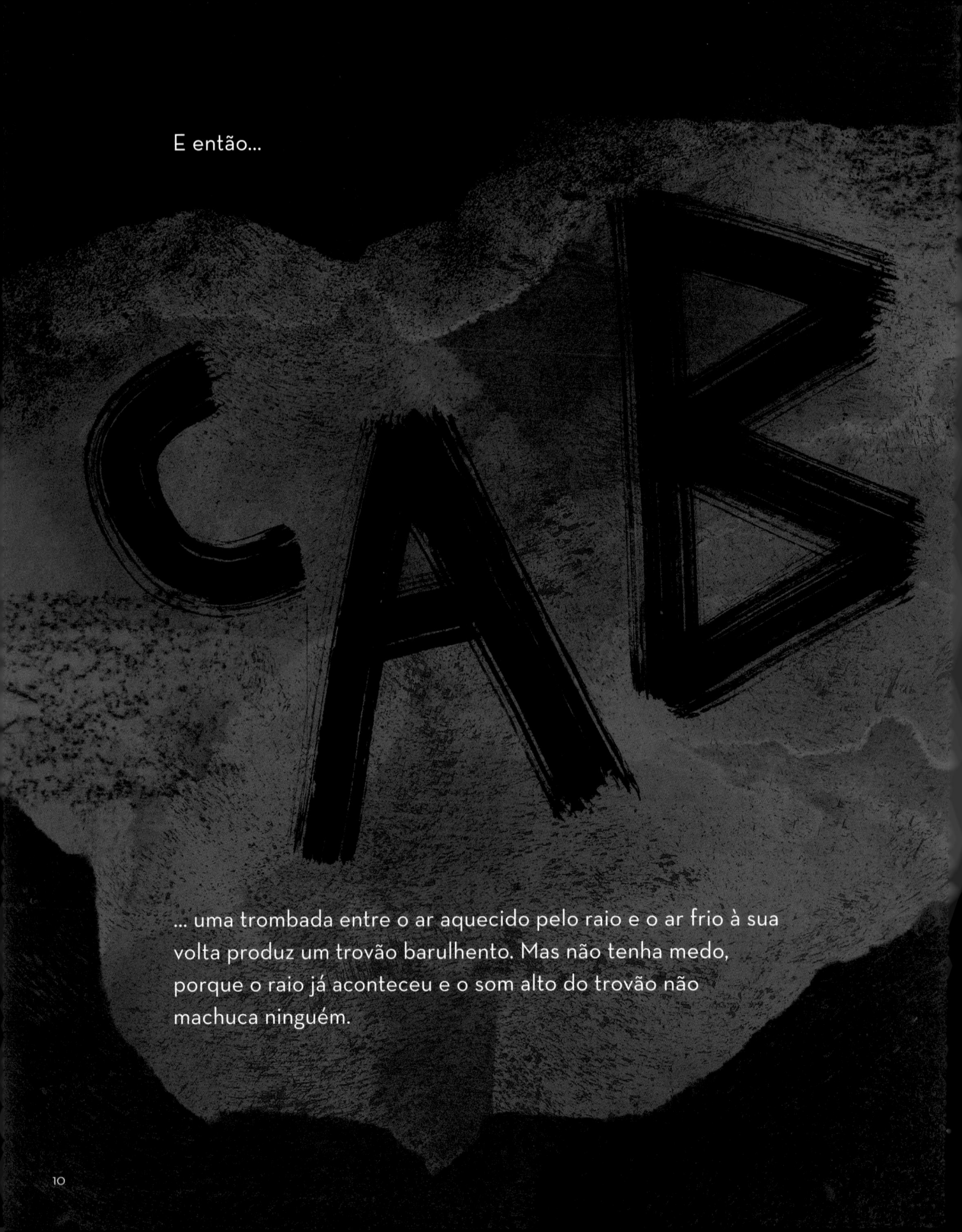

... uma trombada entre o ar aquecido pelo raio e o ar frio à sua volta produz um trovão barulhento. Mas não tenha medo, porque o raio já aconteceu e o som alto do trovão não machuca ninguém.

Curiosidade

O raio eleva a temperatura do ar
à sua volta a até 30.000 °C! Essa
temperatura é seis vezes mais quente
do que a da superfície do Sol.

Minha aparência mudou. Estou cinzenta e pesada e me tornei uma gigantesca nuvem escura. Não consigo mais flutuar, é hora de chover. Chuááááá!

Veja quanto uma gotícula precisa crescer para ficar pesada e chover

grão de poeira
0,0002 mm

gotícula
0,02 mm

pingo de chuva
2 mm

Quanto mais água dentro de uma nuvem, mais escura ela é.

A água da chuva é limpa e pode ser armazenada para regar o jardim, lavar o quintal, o carro e até mesmo a roupa, gerando grande economia de água.

Saída de água para uso

Que chuva boa! Ela cai com força no começo e depois vai enfraquecendo, enfraquecendo, até eu sumir e o céu ficar azul. Mas, se o Sol aparecer quando ainda estiver chovendo, seus raios atravessarão os pingos e mostrarão as cores de sua luz na forma de um arco-íris. Que lindo!

Você sabia?
Só conseguimos enxergar o arco-íris se o Sol estiver atrás de nós e a chuva à nossa frente.

Curiosidade

A luz do Sol é branca. Ela se divide nas sete cores do arco-íris ao entrar e sair pela gotícula d'água.

Aquele cheirinho que sentimos quando começa a chover chama-se petricor. Ele vem de uma mistura de substâncias produzidas por plantas e bactérias. Quando as gotas de chuva batem no chão, o petricor se espalha pelo ar.

CIRROSTRATUS

Halo em torno do Sol

CIRROCUMULUS

7000 m

ALTOCUMULUS

Você já percebeu como somos diferentes umas das outras? Podemos ser grandes ou pequenas, altas como uma torre ou estendidas como um tapete.

As mais baixas podem até tocar o chão, são o nevoeiro.

E, assim como você, todas nós ganhamos nomes.

2000 m

NIMBOSTRATUS

STRATUS

STRATOCUMULUS

CIRRUS

CUMULONIMBUS

ALTOSTRATUS
Visão borrada do Sol

CUMULUS

Veja como essas nuvens cumulus se parecem com flocos de algodão espalhados pelo céu. Se você usar a imaginação, enxergará formas de muitas coisas. Eu vejo um enorme coração, e você?

Curiosidade

Tórshavn, nas Ilhas Faroé, é a cidade mais nublada do mundo. Apenas em 35 dias por ano é possível ver o azul do céu. Você sabe onde ficam as Ilhas Faroé?

Há nuvens em outros planetas? Sim e não. Júpiter, Saturno, Urano e Netuno são planetas gasosos, envoltos por nuvens feitas de outros gases e não de vapor d'água, como aqui na Terra. Mercúrio é o único planeta sem nuvens. Na nossa Lua, que é um satélite e não um planeta, também não há nuvens. E os planetas Marte e Vênus? Será que há nuvens por lá?

Nosso passeio está muito legal, mas já cheguei ao chão como água de chuva e vou procurar um lago ou rio para morar e começar tudo de novo.

As nuvens são importantes? São sim! Elas transportam água de um lugar para o outro, derramando a chuva que molha a terra. Isso ajuda as plantas a crescer, enche lagos e rios para os peixes e mata a sede dos animais. Durante o dia, as nuvens fazem sombra e impedem que o chão fique muito quente. À noite, funcionam como um cobertor, que segura o calor para a Terra não esfriar demais.

Vamos viajar mais uma vez?

Sentindo dor de viúva
a nuvem de amor sofreu
e chorou fazendo chuva
desprezada pelo céu.

Sol e chuva
Casamento de viúva.
Chuva e Sol
Casamento de espanhol.

O que uma nuvem disse para a outra?*

(Resposta no pé da página)

Provérbio

Quem semeia vento colhe tempestade.

*"Nuvem", que não tem.

Faça uma nuvem!

Assopre um vidro frio de uma janela. O vapor invisível que saiu da sua boca esfriará ao tocar o vidro e formará milhões de gotículas. É por isso que os vidros dos carros ficam embaçados em dias frios.

Faça um raio!

Esfregue os pés com meias limpas durante um minuto em um tapete ou cobertor de lã. Em seguida, aproxime o dedo de um objeto metálico ou de uma pessoa. Você verá a faísca e sentirá a eletricidade de um pequenino raio. O estalido que ouvirá é um minitrovão!

Faça um trovão!

Encha bem uma bexiga e, com a ajuda de um adulto, a espete com um alfinete. O ar que está apertado dentro da bexiga vai se expandir rapidamente e se chocar com o ar à sua volta. Desse mesmo modo acontece com os trovões.

Faça um arco-íris!

Em um lugar ao ar livre, como uma calçada ou um jardim e de costas para o Sol, pressione o bico de uma mangueira para criar uma chuva fina. Um arco--íris se formará diante dos seus olhos.

Texto © Celina Bodenmüller e Luiz Eduardo Anelli, 2022

Ilustrações © Ana Matsusaki, 2022

DIREÇÃO EDITORIAL	Maristela Petrili de Almeida Leite
COORDENAÇÃO DE EDIÇÃO DE TEXTO	Marília Mendes
EDIÇÃO DE TEXTO	Lisabeth Bansi, Patrícia Capano Sanchez, Giovanna Di Stasi, Ana Caroline Eden
COORDENAÇÃO DE EDIÇÃO DE ARTE	Camila Fiorenza
PROJETO GRÁFICO, DIAGRAMAÇÃO E ILUSTRAÇÕES	Ana Matsusaki
COORDENAÇÃO DE REVISÃO	Thaís Totino Richter
REVISÃO	Nair Hitomi Kayo
COORDENAÇÃO DE *BUREAU*	Everton L. de Oliveira
PRÉ-IMPRESSÃO	Ricardo Rodrigues, Vitória Sousa
COORDENAÇÃO DE PRODUÇÃO INDUSTRIAL	Wendell Jim C. Monteiro
IMPRESSÃO E ACABAMENTO	EGB Editora Gráfica Bernardi Ltda
LOTE	768793 / 768794
COD	120003359 / 130004369

Dados Internacionais de Catalogação na Publicação (CIP)
(Câmara Brasileira do Livro, SP, Brasil)

Bodenmüller, Celina
   O segredo das nuvens: entendendo chuvas, raios
e trovões / Celina Bodenmüller, Luiz Eduardo Anelli;
ilustrações de Ana Matsusaki. – 1. ed. – São Paulo,
SP: Santillana Educação, 2022.

ISBN 978-85-527-1902-1

   1. Literatura infantojuvenil I. Anelli, Luiz Eduardo.
II. Matsusaki, Ana. III. Título.

22-114378   CDD-028.5

Índices para catálogo sistemático:

1. Literatura infantil 028.5
2. Literatura infantojuvenil 028.5

Eliete Marques da Silva - Bibliotecária - CRB-8/9380

EDITORA MODERNA LTDA.
Rua Padre Adelino, 758 — Quarta Parada
São Paulo — SP — Brasil — CEP 03303-904
Vendas e atendimento: Tel. (11) 2790-1300
www.moderna.com.br
2022